AF339048

LA
FÊTE DE MARIE

CÉLÉBRÉE

PAR DES FILLES CHRÉTIENNES.

CANTIQUE

EN DIALOGUE,

Pour la Congrégation de N.-D.-du-Mont.

1831.

LA
FÊTE DE MARIE.

UNE VOIX.

Air : *Quel beau jour se dispose.*

QUEL beau jour se présente,
Qu'il est cher à nos cœurs!
Une fête innocente
Nous offre ses douceurs.

A ce saint lieu, troupe fidèle,
Accourez, hâtez-vous;
La vive ardeur de votre zèle
Charmera le divin époux.
Attendez d'un maître si doux
Toujours quelque faveur nouvelle.

En cet heureux jour,
Par un saint retour,
De la Reine des Cieux célébrons la clémence;
Offrons-lui le tribut de la reconnaissance :
Son crédit, sa puissance,
Sur ses enfans
Fera pleuvoir les célestes présens.

PREMIER CHOEUR.

Air : *Entends-tu la tourterelle?*

Ornons de pourpre éclatante
Ces murs avec majesté;
Que notre solennité
Soit pompeuse, soit fervente;
Que la grace du Seigneur
Décore aussi notre cœur.

(4)

Premier Choeur.

Vierges, venez faire hommage
De vos bijoux précieux ;
     Ils décorent bien mieux
De votre Reine l'image ;
Et Dieu par un saint retour
Vous donnera son amour.

Second Choeur.

Cueillez la rose fleurie,
L'immortelle et le jasmin ;
Que votre pieuse main
Offre ces fleurs à Marie.
Que l'encens par sa vapeur
Se mêle à leur douce odeur.

Premier Choeur.

Air : *Te bien aimer.*

D'une céleste et noble mélodie
Réunissons les précieux accens ;
Qu'aux saints accords l'aimable poésie
Prête en ce jour ses charmes innocens.

Second Choeur.

Quelle douceur, ô Dieu plein de clémence !
De vous offrir ces présens paternels
Que la bonté de votre providence,
Pour leur bonheur, répand sur les mortels.

Premier Choeur.

Hommes ingrats, écoutez le langage
De la raison, qui parle à votre cœur ;
De vos talens faites un juste hommage
A votre Dieu, lui seul en est l'auteur.

Srcond Choeur.

La pourpre, l'or, les fleurs et l'harmonie
Ont pour notre ame un charme plus touchant

Quand, par l'amour à l'espérance unie,
La foi les offre au Maître tout-puissant.

PREMIER CHOEUR.

Air : *Lise chantait.*

Vous qui n'aimez qu'à satisfaire
De vos désirs l'impure ardeur,
Filles mondaines, qui, pour plaire,
Offensez la sainte pudeur ;
Fuyez ces lieux : votre air volage
Viendrait troubler notre bonheur.
De votre faste l'étalage
A Jésus ferait un outrage.

SECOND CHOEUR.

Nous regardons comme folie
Du monde les jeux plus doux ;
De la céleste modestie
Nos cœurs sont saintement jaloux.
Dans nos dangers, puissante Reine,
Quand nous levons les yeux vers vous,
Nous portons, sans aucune peine,
Du saint joug l'honorable chaîne.

PREMIER CHOEUR.

Air : *Jeunes amans.*

Dirigez nos pieux accens,
Du Très-Haut Prêtres vénérables ;
Par vous nos fêtes et nos chants
Au Seigneur seront agréables.
Nous pourrions être dans l'erreur,
Ne suivant que notre caprice ;
Souvent l'excès dans la ferveur,
Loin de plaire à Dieu, n'est qu'un vice.

SECOND CHOEUR.

Dieu vous a faits les protecteurs

De la vertu, de l'innocence;
Apprenez-nous, zélés Pasteurs,
Du salut la grande science;
Enseignez-nous l'art d'honorer
Dignement l'auguste Marie :
Son crédit doit nous assurer
L'entrée à la sainte patrie.

HYMNE A MARIE.

UNE VOIX.

Air : *Sentir avec ardeur.*

Pour Marie, en ce jour,
  Pieuse jeunesse,
Montrez un juste amour. (*Fin.*)
  Dans votre allégresse,
  Chantez sa tendresse.
Pour Marie.....

TOUTES.

  Vive à jamais Marie,
Vive, vive son humilité !
Que partout on publie
Sa douce modestie
Et sa sainte charité.
  Vive à jamais Marie,
Vive, vive son humilité !

UNE VOIX.

Jamais le noir serpent
  Ne fit de blessure
A son cœur innocent. (*Fin.*)
  Nulle créature
  Ne fut aussi pure.
Jamais........

TOUTES.

Vous triomphez, Marie,
Vive, vive votre pureté !
Que partout on publie
La faveur inouïe
D'une telle sainteté.
Vous triomphez, Marie,
Vive, vive votre pureté.

UNE VOIX.

Au Dieu son créateur,
Dès sa tendre enfance,
Elle voua son cœur. (*Fin.*)
Une grace immense
Fut sa récompense.
Au Dieu......

TOUTES.

Vive à jamais Marie,
Vive, vive sa virginité !
Que partout on publie,
De sa céleste vie,
La sainte fidélité.
Vive à jamais Marie,
Vive, vive sa virginité !

UNE VOIX.

Dans son sein maternel,
Le verbe du Père
A pris un corps mortel. (*Fin.*)
Quel profond mystère !
Elle est Vierge et Mère.
Dans son sein......

TOUTES.

Vive à jamais Marie,
Vive, vive sa maternité !
Tout l'univers publie

Que le divin Messie
Par elle fut enfanté.
Vive à jamais Marie,
Vive, vive sa maternité!

UNE VOIX.

Comme un soleil nouveau,
Belle et rayonnante,
Elle sort du tombeau. (*Fin.*)
La mort impuissante
Recule tremblante.
Comme......

TOUTES.

De l'auguste Marie
Vive, vive l'immortalité!
Partout on le publie :
Elle a repris la vie ;
Son corps est ressuscité.
De l'auguste Marie,
Vive, vive l'immortalité!

UNE VOIX.

Les Astres radieux
Forment sa couronne
Dans l'empire des Cieux. (*Fin.*)
La gloire environne
Son céleste trône.
Les Astres.....

TOUTES.

Vive à jamais Marie,
Vive vive sa félicité!
Que partout on publie
Sa puissance infinie
Et sa générosité.
Vive à jamais Marie,
Vive, vive sa félicité!

PRIÈRE A MARIE.

Premier Choeur.

Air : *Je l'ai planté.*

Jetez les yeux, ô tendre Mère,
Sur les dangers de vos enfans;
Voyez, du Ciel, notre misère,
Soulagez nos besoins pressans.

Second Choeur,

Nous désirons dans l'innocence,
Dans la ferveur couler nos jours.
Notre ame, hélas! n'est qu'incontance,
Sans l'appui de votre secours.

Premier Choeur.

Méritons-nous, Vierge admirable,
Que vous daigniez nous écouter?
D'un tel bonheur l'homme coupable
Ici-bas peut-il se flatter?

Second Choeur.

Daignez offrir, célestes Anges,
A votre Reine nos désirs;
Joignez nos chants à vos louanges,
Vos hommages à nos soupirs.

Une Voix Etonnée.

Air : *Amis, enfin voici le jour.*

Mais quelle nouvelle clarté
Se répand dans ce sanctuaire?
Une sainte suavité
Suit cette divine lumière.
Un pur esprit s'avance vers ces lieux,
Sur un brillant nuage;
Il vient porter, au nom du Roi des Cieux,
Quelque joyeux message.

Un Ange.

Récit.

Troupeau chéri du souverain pasteur,
Notre Reine a reçu votre sincère hommage.
De vos cœurs le pieux langage
Est parvenu jusqu'à son cœur.
Qui pourrait comprendre
Son amour tendre ?
Pour combler vos vœux,
Cette auguste mère ,
Veut bien descendre des cieux,
Venir sur la terre ,
Et montrer à vos yeux
De sa présence salutaire
L'éclat délicieux.
O jour heureux !
O moment prospère !
Voyez venir dans les airs
La troupe des Anges,
Qui, par leurs concerts,
A l'envi chantent ses louanges.
Ecoutez leurs doux airs.

Choeur d'Anges

*Qui accompagnent Marie et dont les voix
augmentent peu à peu.*

Air : *Ils laissent leur troupeau paisible.*

Oh! qu'elle est sainte, oh! qu'elle est belle
La Mère du Dieu rédempteur!
Elle ne voit au dessus d'elle
Que le suprême Créateur.
Du monde vous êtés la Reine;
Vous dominez sur tous les Saints;
Vous êtes notre souveraine,
Vous surpassez les Chérubins.

(11)

MARIE.

Air : *Jésu mi counvido.*

Heureuse jeunesse,
Ce jour solennel
Remplit d'allégresse
Mon cœur maternel.
Vos chants, vos offrandes,
Votre encens, vos vœux,
Vos justes demandes
Ont charmé les Cieux.

———

Hélas! dans le monde
Dieu n'est pas connu;
Le crime l'inonde,
Tout est corrompu !
Et le sexe étale,
Par son impudeur,
Un affreux scandale
Qui perce mon cœur.

———

Pour vous, Vierges sages,
Lorsque je vous vois,
De tous ces outrages
Je sens moins le poids :
De votre innocence
La simplicité
Répare l'offense
De l'impiété.

———

Demeurez constantes
Dans vos saints désirs;
Pour vivre innocentes
Craignez les plaisirs :
Que la flatterie
Ne vous tente pas;
De la raillerie
Faites peu de cas.

Avec confiance
Réclamez souvent
De mon assistance
Le secours puissant.
Sans faire naufrage,
Vous pourrez un jour
Avoir poûr partage
Le divin séjour.

Marie se retire : les Anges l'accompagnent en re
le chœur : Oh! qu'elle est sainte, etc.
Les voix diminuent peu à peu.

PLUSIEURS VOIX.

Air : *Reste encore un moment.*

Pourquoi nous quittez-vous,
O Marie,
Notre vie?
Pourquoi nous quittez-vous?
Demeurez auprès de nous.

CHOEUR.

Pourquoi......

SEUL

Comment pourrons-nous vivre,
Loin de vos célestes attraits?
Heureux qui peut vous suivre,
Qui peut ne vous quitter jamais!

CHOEUR.

Pourquoi....

SEUL

Un saint parfum attire
Vers vous notre cœur enchanté ;
A votre aimable empire
Nous offrons notre liberté.

CHOEUR.

Pourquoi....

L'Ange qui avait apparu d'abord.

Air : *Célébrons le Roi de gloire.*

Consolez par l'espérance
Les regrets de votre amour.
Votre Mère vous devance
Dans le glorieux séjour.
Soyez constamment ferventes,
Fuyez le monde trompeur ;
Vous serez toujours présentes,
Chères filles, à son cœur.

PREMIER CHŒUR.

Air : *De l'officier de fortune.*

Ah! qu'il excite notre envie,
Votre sort, Ange du Seigneur!
Dans le Ciel l'auguste Marie
Après Dieu fait votre bonheur.
Désormais, dans ce lieu de larmes
Il n'est plus pour nous de beauté;
Vous seule aurez pour nous des charmes
Incomparable chasteté.

SECOND CHŒUR.

Si notre profonde misère
Attendrit votre noble cœur,
Auprès de la divine Mère
Devenez notre intercesseur.
De la chair l'aiguillon entraîne
Notre ame, hélas ! dans le péché;
Vous qui n'en portez pas la chaîne,
De nos malheurs soyez touché.

L'ANGE.

Air : *Célébrons le Roi de gloire.*

De cette heureuse visite,
Que toujours à l'avenir
Votre pieuse conduite

Retrace le souvenir.
De votre Reine chérie
Les douces instructions
Doivent toute votre vie
Diriger vos actions.

L'Ange disparaît.

UNE VOIX.

Air : *Agréez, Marie.*

Qu'il est admirable,
Qu'il est désirable
Le divin séjour !
Dans cette patrie
Nous verrons un jour
De l'humble Marie
La céleste cour.

CHŒUR.

Qu'il est admirable, etc.

SEUL.

Dans votre délire,
Cessez de nous dire,
Mondain séducteur,
Qu'il n'est de tristesse
Que pour la ferveur;
Qu'il n'est d'allégresse
Que pour le pécheur.

TOUTES.

Qu'il est admirable, etc.

SEUL.

O joie innocente !
O fête fervente !
O jour précieux !
Grand Dieu, ton service
Remplit tous nos vœux.

Non jamais le vice
Ne fit des heureux.

TOUTES.

Qu'il est admirable, etc.

SEUL

Si l'impure flamme
Veut porter notre ame
Vers la volupté ;
Invoquons Marie
Avec piété :
Celui qui la prie
N'est pas rebuté.

Laudate Dominum, omnes gentes, etc.

FIN.

Au lieu du Cantique Heureuse Jeunesse, *on pourra chanter ce qui suit :*

RÉCIT.

DE ce jour solennel, innocente jeunesse,
La pieuse ferveur me remplit d'allégresse ;
Vos cantiques sacrés, vos hommages, vos vœux,
Votre amour, votre zèle ont réjoui les Cieux.

AIR.

Hélas ! le Créateur du monde
De ses enfans n'est pas connu !
Comme un torrent le crime inonde
L'univers : tout est corrompu ;
Et le sexe léger étale
Partout un luxe criminel,
Qui produit un affreux scandale
Et perce mon cœur maternel.

RÉCIT.

Lorsque du haut du Ciel, cher troupeau, Vierges sage
    Ici-bas je vous vois
Par votre piété réparer ces outrages,
    Je n'en sens plus le poids.

AIR.

Gardez, constantes,
Vos saints désirs ;
Soyez ferventes
Loin des plaisirs.
Votre misère
Aura recours
A la prière :
Veillez toujours.

RÉCIT.

Mon cœur vous est ouvert ; venez, filles pieuses,
Contre vos ennemis je vous y défendrai.
Sans crainte vous verrez leurs ruses dangereuses
Réclamez mon secours, je vous protégerai.

AIR.

Consolez-vous, bientôt le noir orage
Serasuivi du jour le plus brillant;
Après l'exil, le céleste héritage
Couronnera les peines d'un moment.

MARSEILLE. — Imprimerie de MARIUS OLIVE,
sur le Cours, n° 4.

www.ingramcontent.com/pod-product-compliance
Lightning Source LLC
Chambersburg PA
CBHW061237050726
47594CB00009B/3919